Bakhtin,
Benveniste & Lacan:
acabamentos da subjetividade

Marcos Moura Vieira

Série Provocações Dialógicas
Organização e plano de edição do autor

Bakhtin & Freud; Bakhtin, Freud & Dostoiévski;
Bakhtin, Benveniste & Lacan; Bakhtin, Luria & Vigotsky;
Bakhtin, Schwartz, Faïta & Clot

acabamentos da subjetividade

MARCOS MOURA VIEIRA

BAKHTIN, BENVENISTE & LACAN:
acabamentos da subjetividade

Salmoura csipp
*Amster*dam - Recife
2017

m a r c o s   m o u r a   v i e i r a

B A K H T I N ,   B E N V E N I S T E   &   L A C A N
Livro três da série Provocações Dialógicas - ano 2016/2017

capa by Moura Vieira
Detalhe da obra: Armadilha para pegar ar
Jonas Barros, mista sobre tela, 2012

Ficha catalográfica

Moura Vieira, Marcos Antonio, 1964-.
Bakhtin, Benveniste & Lacan: acabamentos da subjetividade
Recife/Amsterdam: Salmoura edições/CreateSpace Independent
Publishing Platform, 2017 (Série Provocações Dialógicas, v. 3.)
     ISBN-13: 978-1542966696
     ISBN-10: 1542966698
88p. : 15,24 x 22.86 cm

     1. Bakhtin, Mikhail Mikhailovich, 1895-1975 - crítica e
interpretação 2. Benveniste, Émile, 1902-1976. Lacan, Jacques Marie
Émile, 1901-1981. 4. Linguística 4. Análise do discurso 5. Psicanálise
     I. Moura Vieira, Marcos II. Título III Série

                                        CDD 809.89.47
                                        CDU 82.09.882

Índices para catálogo sistemático
1. Estudos enunciativos: Discurso: Linguística 401.41
2. Análise do discurso: Psicanálise

www.marcosmouravieira/salmoura-pt

Dedicado a
Maria Inês Pagliarini Cox,
Maria Cecília Perez de Souza e Silva e
Helena Nagamine Brandão
.

SUMÁRIO

1 Introdução 09

2 Preparando a recepção do enunciado concreto 13

3 Os deslocamentos da subjetividade 23

   3.1 A análise do discurso, o dialogismo e os gêneros 32

4 Enunciação discursiva e enunciado concreto 39

5 Provocações dialógicas entre interiores teóricos e exteriores concretos 43

6 Opções para a subjetividade: novos aliados para compreender a significação 55

   6.1 Abstrações de desenhos de pesquisa em busca de uma "subjetividade bakhtiniana": na Teoria Enunciativa, na Análise do Discurso e na Teoria Dialógica 56

   6.2 A subjetividade e a Clínica da Atividade 65

Bibliografia 77

Pósfacio 81

1. INTRODUÇÃO

Neste ensaio retomamos as concepções de sentido, sujeito e subjetividade implicadas na análise dialógica do discurso e, a partir da subjetividade assumida pela linguística, discutimos a pertinência da associação das teorias psicanalíticas com o método dialógico Bakhtiniano.

Ao trilhar o caminho dos analistas do discurso que consideram a linguagem como atividade, "cujas práticas ocorrem em contextos específicos, mobilizados por enunciações singulares que produzem sentido no interior desses contextos" (SOUZA-E-SILVA, 1997: 23), é inevitável deparar com a teoria dialógica e plurilíngue do Círculo de Bakhtin, que acena com a possibilidade de considerar os discursos do mundo como o mundo mesmo em seu movimento mais ou menos estável e perpassado por toda sorte de contradições e instabilidades que lhe são constitutivas.

Quando se acrescenta ao posicionamento de fazer análise do discurso a opção de exercer lingüística aplicada, torna-se mais premente a necessidade de não apenas formalizar uma opção teórica - mas de atualizá-la na prática de ação, no movimento discursivo de exercitar as possibilidades de essa teoria mostrar-se.

Fiala (1986) reflete que se a análise do discurso é compreendida como um conjunto eclético de receitas empíricas, linguísticas, lógicas, pragmáticas, dentre outras, utilizadas para "comentar" ou "interpretar" um texto, não é possível encontrar na metalingüística bakhtiniana (termo que, em Bakhtin, equivaleria à análise do discurso) uma tipologia adequada de metodologia aplicada. Entretanto, se a análise do discurso é considerada como um setor da descrição linguística, no qual sobre a base de dados textuais estabelecidos com fins comparativos se confrontam as hipóteses linguísticas com as hipóteses sociológicas, históricas, estéticas, dentre outras possíveis, encontra-se, em Bakhtin, um número considerável de proposições articuladoras da reflexão e do processo mesmo de constituição dos discursos.

Inseridos na segunda compreensão, perscrutaremos as possibilidades de diálogo entre determinadas concepções da linguística, na teoria da enunciação de (BENVENISTE, 1966, 1974) e na análise do discurso de linha francesa.

A proposta do enunciado concreto, feita pelo Círculo Bakhtiniano, ao final dos anos vinte (não como a enunciação monológica do enunciado individual e isolado, mas como a interação de pelo menos duas enunciações num diálogo, fazendo parte de uma cadeia maior estabelecida em um nível discursivo entre relações dialógicas, que não podem ser compreendidas fora de um horizonte social), levou muito tempo para

11

ser assimilada pela linguística. Um passo preparatório para que se pudesse chegar a compreender a importância do homem social que enuncia dialogicamente foi o desenvolvimento, na década de sessenta, da teoria da enunciação de Emile Benveniste, que, mesmo falando de um enunciado subjetivo pessoalizado, o que atrita com a concepção Bakhtiniana, faz emergir a presença humana na linguagem.

2. PREPARANDO A RECEPÇÃO DO ENUNCIADO CONCRETO

A teoria da enunciação

Os princípios básicos da teoria da enunciação foram desenvolvidos por Benveniste (1966, 1974) ao formalizar uma prática crítica sobre a oposição binária entre língua e fala. O estudioso das línguas indo-européias sob a perspectiva estruturalista nos lega uma semântica histórica de caráter saussureano sustentada no signo. Entretanto, para ele, a relação entre significante e significado não é arbitrária, sendo o signo seu lastro único, como acreditava Saussure, mas sim é uma relação necessária entre signo nos sistemas da vida e signo/significado no sistema da língua.

Próximo da pragmática de Charles Morris no que diz respeito a uma teoria filosófica da ação (teoria semiótica), Benveniste distingue dois modos de significância combinados na língua: o semiótico e o semântico.

O semiótico considera a língua no sentido saussureano como sistema linguístico cujos elementos são definidos por suas relações com os outros elementos do sistema. Um modo de significância que é próprio do signo linguístico o constitui como unidade e procura reconhecer os signos pela sua distintividade.

O modo semântico considera a língua como produtora de mensagens, não na sucessão de unidades, mas globalmente.

Para Benveniste, a língua seria o único sistema a engendrar esse duplo movimento de significação, uma dupla significância.

A língua como sistema em si mesmo é vista a partir do mundo social, coletivo e abstrato que é composto de signos e se encontra em um nível semiótico (quando existe um signo em um sistema, ele já tem um sentido nesse mesmo sistema, por exemplo, o sistema dos sinais de trânsito).

A língua, como ordem semântica, é vista no modo de significância engendrado pelo discurso na inter-relação referente/referência. O sentido, então, é compreendido globalmente, ou seja, podemos apenas identifica-lo, mas não necessariamente compreendê-lo. Nesse caso, por exemplo, a música só teria significante e não significado, em sua própria linguagem.

O linguista francês compreende a semântica como uma nova dimensão de significação no discurso que, numa análise intralinguística, permitiria evidenciar a estrutura e o funcionamento da língua e, numa análise translingüística textual, permitiria uma metasemântica construída sobre a semântica da enunciação (BENVENISTE, 1974: 66).

Uma vez que a enunciação inclui os dois modos de significância, faz-se necessário articular o estudo desses campos, por um lado, estabelecendo os paradigmas semióticos, o que só se faz considerando como a língua se semantiza na ordem semântica, pois é essa ordem que acaba por decidir como se organiza a ordem semiótica e, por outro lado, estudando o modo próprio de funcionamento da ordem semântica: como se dá a instância discursiva, como a língua se semantiza produzindo sentidos compreensíveis.

Alguns pesquisadores consideram a polaridade da significação semelhante para Bakhtin e Benveniste, a exemplo de Boutet, para quem "a construção do sentido é pensada pelos dois autores como um processo dinâmico que opõe dois níveis e dois modos para a língua   de produzir sentido: semiótica e

semântica em um e significação e tema em outro"
(BOUTET, 1994/1997: 42). A comparação é justa se a
compreendemos apenas como um modo de assinalar
um duplo movimento dos elementos do sistema de
significação, o que não implica considerar que os dois
autores compreendam a inter-relação e o
funcionamento do sistema de forma semelhante. Se
refletirmos quais implicações teóricas e práticas de
modos de analisar a situação concreta da enunciação e
conceber o mundo, eminentemente intersubjetivo em
si mesmo em Benveniste e eminentemente social e
dialógico em Bakhtin, perceberemos que a concepção
enunciativa de Benveniste é intrinsecamente divergente
da bakhtiniana.

Quando Benveniste distingue dois modos de
enunciação (discursiva e histórica), está determinando
os limites de relação entre os dois planos de
significação que assentam sobre uma concepção de
subjetividade que é anterior a uma articulação dos seus
instrumentos de análise enunciativa (pessoas do
discurso, relação pessoa verbo). O artigo "De la

subjectivité dans le langage" (1958) publicado no jornal de psicologia é mesmo anterior ao artigo "Les relations de temps dans le verbe français" (1959) publicado no boletim da sociedade francesa de linguística, em que Benveniste assume que a enunciação discursiva teria as marcas da subjetividade, enquanto a enunciação histórica não as possuiria. Tal opção metodológica de tomar como base a subjetividade advinda da psicanálise e, partindo dessa concepção, engendrar a construção de uma teoria da subjetividade na linguagem, tem implicações concretas nos limites que serão impostos à concepção intersubjetiva da teoria da enunciação.

Diferentemente de Benveniste, para Bakhtin, a linguagem é ao mesmo tempo homogênea e heterogênea (BAKHTIN/VOLOCHINOV, 1929/1992). Sendo assim, os signos linguísticos têm um funcionamento duplo:

a) como sinal, em que assumem uma unidade de conteúdo imutável, são estáveis, reiteráveis e submissos à atividade léxica;

b) como signo, uma unidade de conteúdo variável e determinada pelo contexto da interação, sendo que, no plano do enunciado, funcionam como significação (a parte estável da construção do sentido) e como tema (a parte instável, submissa à situação de enunciação concreta). Estão de tal forma entrelaçados que é "impossível traçar uma fronteira mecânica absoluta entre a significação e o tema" (ibidem: 129).

Se, a seu turno, Bakhtin concentra-se sobre o estudo do enunciado concreto tomado como unidade do diálogo inacabado e chama esse campo de estudo de metalinguística, que se situa na fronteira entre a análise da língua (o enunciado isolado) e a análise do sentido (o enunciado dialógico) (SOUZA, 1999: 74), por sua vez, Benveniste, embora assinale a importância de ultrapassar a noção de signo como única realidade da língua, reserva o lugar do discurso a uma análise intralinguística e se concentra na metassemântica, caracterizando-se por ater-se à construção de uma semântica da enunciação, construindo a ideia do sujeito a partir da questão da referência do *eu* ou do *tu* a uma realidade de discurso: "O sentido não se constitui na enunciação". O sentido do *eu* está na língua como se fosse um arcabouço a ser preenchido por um referencial singular. A partir dessa referência dirigida Benveniste pergunta: "qual é, portanto, a realidade à qual se refere *eu* ou *tu*?" e nos responde: "unicamente uma realidade de discurso, que é coisa muito singular" (BENVENISTE, 1966/1988: 128).

Em Bakhtin, a questão da referência é buscada na realidade entre *eu* e *outro*, mas num direcionamento a partir do *outro* (o não dito, portanto, não diretamente classificável em eu) para o *eu ele-mesmo* do discurso (aquilo que os outros dizem no discurso que se diz), ou seja, se perguntando qual a "relação que liga o horizonte extra-verbal ao discurso ele-mesmo, o não dito aquilo que se diz?"

Nesse movimento, filiado a um outro paradigma que considera a realidade da esfera da atividade com sua materialidade (nem sempre compreensível no nível de um conteúdo referencial verbal) ocorre a abertura para uma compreensão da realidade de um discurso que incorpora dimensões desconhecidas.

Embora, em Benveniste, apenas o modo de concepção geral da língua apresente um funcionamento duplo, a oposição do sujeito do enunciado e do sujeito da enunciação já possibilita a visualização de que, às vezes, quem enuncia não é sujeito da sua enunciação. Nesse modo de entendimento, é necessário considerar a referência *eu/você* e é necessário compreender o discurso como processo intersubjetivo - e não como produto de uma subjetividade dada a priori (COX, 1995). A importância decisiva de Benveniste para a linguística consiste na descoberta dessa brecha na teoria estruturalista que aponta para a existência de signos na linguagem que não se explicam em termos de sistema (BRAIT, 1998). Tal abertura prepara, à sua revelia, o caminho para desdobramentos teóricos que poderão dialogar com os paradigmas do Círculo Bakhtiniano.

marcos moura vieira

3. OS DESLOCAMENTOS DA SUBJETIVIDADE

Os primeiros artigos de Benveniste mantiveram uma estreita ligação com a psicanálise lacaniana, cujas ideias de subjetividade e intersubjetividade eram familiares ao universo da psicologia que acolheu prontamente as adesões do estudioso francês.

De outra parte, houve muita resistência dos linguistas às questões do sujeito levantadas pela teoria da enunciação que foram, enfim, paulatinamente incorporadas com aplanamentos e desdobramentos conceptuais.

A ideia mais fortemente retida e norteadora do desenvolvimento das relações da subjetividade com a linguística reside em conceber a possibilidade de utilização das pessoas do discurso como operadores de análise que marcam a presença de uma dimensão inconsciente do sujeito. Nos limites da teoria da enunciação, a análise de uma dita subjetividade tenderá a centrar-se numa relação *eu/você* aplanada de conflito.

"Eu" e "você" são protagonistas da enunciação. Entretanto, *eu* é pessoa subjetiva e *você* pessoa não subjetiva (BENVENISTE, 1966: 232), uma vez que, para Benveniste, o *eu* se caracteriza por ser único na instância discursiva e pela sua transcendência ao *você* (embora sejam complementares e reversíveis e não se conceba um sem o outro). Essa tendência desloca a concepção de sujeito do eixo da verdade para conceber um sujeito que, ao produzir a linguagem, se entretece na trama da linguagem.

Quanto ao *ele*, para Benveniste, é uma marca de terceira pessoa que se configura como "não-pessoa".

Se *ele* não tem a marca da pessoa, não se refere a um indivíduo específico, relatando, dessa forma, um processo que se desenvolveria fora da relação de subjetividade. Poderíamos dizer que, para o autor, o sentido está na língua correlato ao (eu), "o vazio" é o que existe como possibilidade, o "referencial" é o que preenche esse (ele/você) e o arcabouço é o (ele).

A partir do final dos anos sessenta, o sujeito voltou a ser uma preocupação da linguística trazendo juntamente a questão da subjetividade. Nesta primeira fase da análise do discurso francesa, Pêcheux problematiza as relações das pessoas do discurso, influenciado pelas ideias de Foucault e de Althusser, projetando a subjetividade para um espaço de conflito entre um *eu* e um *você*. Esse espaço em que Pêcheux vai estudar a linguagem é fundado em "um nível intermediário entre a singularidade individual e a universalidade, a saber o nível da 'particularidade' que define os 'contratos' linguísticos específicos" (PÊCHEUX, 1969: 12).

A concepção de um sujeito talhado pelas condições sócio históricas deslocava as atenções para um exterior que teria mais força na construção da subjetividade ancorada nas condições de produção e no funcionamento discursivo, inseridas, por sua vez, no bojo de processos ideológicos. Pêcheux propõe que as formações discursivas interpelam os indivíduos em sujeitos falantes do "seu" discurso (PÊCHEUX, 1988: 161). Segundo Cox (1995: 300), "essa tese desaloja os sujeitos do discurso da posição de causa para alojá-los na posição de efeito". Tal postura instaurou outra forma de tratar a questão da subjetividade, que passou a ser ancorada em um sujeito compreendido como assujeitado pela formação ideológica e discursiva.

Na chamada segunda fase da análise do discurso francesa, toma corpo a noção de que o sujeito só se completa na interação com um outro, devendo, pois, ser visto como um ir e vir entre um eu e um você, num movimento que constituiria a própria subjetividade. Essa fase reforça as preocupações de Pêcheux com um sujeito cindido na linguagem, uma vez que as formações discursivas são constantemente atravessadas por elementos que vêm de outro lugar. Essa relação paradoxal das formações discursivas com o seu exterior é abordada como uma espécie de heterogeneidade do discurso, que seria produzida pelas várias coerções assumidas pelo sujeito, ou seja, as várias vozes que atravessam o sujeito são vistas como posições enunciativas que marcam o assujeitamento pelos esquecimentos. Por um lado, num nível inconsciente, o sujeito esquece os elementos que remetem ao exterior da sua formação discursiva; por outro lado, num nível pré-consciente ou consciente, o sujeito coloca limites entre o que pode e deve ser dito e o que não pode e não deve ser dito. Observamos que, nessa forma de propor a questão das relações entre exteriores e interiores, os assujeitamentos à formação discursiva poderiam ser trabalhados na construção da identidade discursiva.

A terceira fase da análise do discurso francesa busca aprofundar o problema da heterogeneidade, desenvolvendo as questões da alteridade e da identidade discursiva para além da concepção das formações discursivas de assujeitamento. A ideia de que a linguagem é heterogênea, de que o discurso é tecido a partir do discurso de um outro tomado como um "exterior constitutivo" assinala uma aproximação a diferentes concepções de polifonia no discurso e aponta para a necessidade de refletir sobre o papel do dialogismo nesse processo. Projetam-se estudos linguísticos cada vez mais embasados nas noções do Círculo Bakhtiniano, mais amplamente divulgadas e assumidas na França a partir da década de 70.

Nos anos subsequentes, os desdobramentos dessas reflexões permitiram o desenvolvimento de diferentes formas de perceber a heterogeneidade na linguagem, mais precisamente no discurso, associada a diferentes noções de polifonia presentes emblematicamente seja no quadro da semântica da enunciação, nos trabalhos de Ducrot (1984) quando estuda raciocínios argumentativos ou dos desdobramentos da teoria da enunciação praticados por Authuier-Revuz (1982) ao descrever as formas de heterogeneidade mostrada e constitutiva. Desde então, "a análise do discurso francesa toma o conceito de heterogeneidade como uma maneira de precisar teoricamente a noção bakhtiniana de dialogismo" (FIORIN, 1997: 230).

Esse modo de entendimento da noção Bakhtiniana de dialogismo apresenta desvios importantes em sua recepção, fundados numa grande dificuldade de deslocamento da noção de heterogeneidade fortemente marcada por uma compreensão de subjetividade psicanalítica, para uma noção de dialogismo que tem como um dos pilares de sua fundação as críticas e as respostas opcionais a uma psicologia subjetivista (MOURA VIEIRA, 2003).

Reconhecendo as dificuldades que a incorporação da dimensão dialógica aporta ao universo da pesquisa linguística, supomos que um facilitador do olhar dialógico bakhtiniano seria a reflexão de que a plurivocalidade, nos estudos do Círculo de Bakhtin, não representa um modo de composição do sujeito, mas de um gênero do discurso que, nos limites de uma mesma construção linguística da "consciência", deixa ouvir os acentos de, no mínimo, duas vozes diferentes, polêmicas, que não chegam a um acordo.

Em resumo, até o momento, acompanhamos o renascimento da noção de sujeito na linguagem como representante de um campo de sentido que, grosso modo, pode ser apreendido; num primeiro esboço *colado a um eu*, num segundo esboço no *assujeitamento do eu a um você* da formação discursiva e ideológica, num terceiro esboço num *relacionamento entre eu e você*, numa relação paradoxal entre um exterior empírico e um sistema discursivo.

A nosso ver, esses três momentos são perpassados não apenas pela noção de sujeito homogêneo que vai se dilatando em pessoas discursivas que podem configurá-lo numa aparente heterogeneidade, mas também pela noção de um sujeito cuja subjetividade tenderia a ser apreendida como homogênea, chegando a ser confundida com a possibilidade de constituir uma identidade marcada.

Consideramos um avanço a proposição de que o sujeito linguístico pode ser constituído desde as variadas vozes que assume para falar, mas, se essas vozes são tomadas como identificadoras de um sujeito cindido, que as articula em virtude de coerções sócio históricas e/ou intencionalidades psicológicas, o sujeito seria heterogêneo em sua apresentação discursiva, mas conseguiria negociar um sentido para essas vozes no plano da subjetividade. Uma vez articulando as vozes em direção a um único sentido ou, ainda, para a construção de uma identidade que se confundiria com uma subjetividade, o sujeito não poderia, então, constituir-se de sentidos heterogêneos.

O perigo, nesse caso, é tomar as regularidades da heterogeneidade como formas recorrentes de vivenciar a subjetividade, o que implicaria a continuidade da égide dos sujeitos psicológicos clássicos, agora mapeados pela linguagem.

3.1 A análise do discurso, o dialogismo e os gêneros

Mantendo-nos no campo da linguística e para melhor compreender a intersecção subjetividade/identidade/ heterogeneidade, passamos a verificar como a análise do discurso praticada por Maingueneau (1984, 1987/1993) tem abordado essas questões.

Observamos que a subjetividade pode ser acompanhada pela distensão progressiva da noção do sujeito linguístico, da formação discursiva e genérico, ou seja, ocorre uma separação entre sujeito linguístico, sujeito da formação discursiva e sujeito genérico, com a explicitação de que, para a AD, o sujeito linguístico constitui um pressuposto e não o objeto de estudo, seguido da opção de centrar a análise no sujeito da formação discursiva.

Inicialmente, é no termo subjetividade enunciativa que vamos encontrar a possibilidade de perceber a presença ou o apagamento do sujeito falante. São as marcas de subjetividade inscritas no discurso e mesmo no sistema da língua, se tomadas em relação a um contexto histórico e social específico, que apresentam a heterogeneidade dos discursos. Maingueneau, por sua vez, propõe a heterogeneidade no discurso como a tomada de conhecimento pelo pesquisador de um funcionamento "que representa uma relação radical de seu 'interior' com seu 'exterior'" (MAINGUENEAU, 1987/1993: 75). Ao falar de heterogeneidade desse modo, alerta para o fato de que as formações discursivas não possuem duas dimensões isoladas, nem nas suas relações com elas mesmas e nem na sua relação com o exterior.

No ponto de articulação entre subjetividade enunciativa e heterogeneidade, a noção de identidade aparece "como uma maneira de organizar a relação com o que se imagina, indevidamente, exterior", ou seja, mediando as relações entre as tomadas de conhecimento do pesquisador (alteridade) e os níveis de heterogeneidade presentes nas formações discursivas. Nesse modo de percepção, a identidade não representaria uma subjetividade em si mesma, mas o modo apreensível de como a heterogeneidade se organiza, e o interdiscurso seria o objeto a fazer-se apreender na interação entre formações discursivas. O que se constrói na relação com o outro é a identidade.

Dizer que a interdiscursividade é constitutiva inviabiliza o encontro do nascedouro de uma fonte de discurso. A sua compreensão terá de ser buscada no trabalho sobre outros discursos. Essa interação entre dois discursos em posição de delimitação recíproca será assumida como processo de "tradução" generalizada, ligada à "interincompreensão". Quando a formação discursiva faz penetrar seu outro em seu próprio interior, por exemplo, sob a forma de citação, ela está apenas "traduzindo" o enunciado desse outro, interpretando-o por meio de suas próprias categorias.

Dessa forma, num espaço discursivo considerado, o sentido não é algo estável, que poderia ser relacionado a uma oposição absoluta, mas se constrói no intervalo entre as posições enunciativas. A incompreensão se transforma em "interincompreensão", obedecendo a regras que são as mesmas que definem a identidade das formações discursivas consideradas.

Todavia, a interincompreensão guarda uma função "positiva": se ela proíbe que um mesmo sentido circule de um sujeito para o outro, ela também possibilita que os sujeitos partilhem o mesmo discurso, falem da mesma coisa. Essa economia de repertório que facilita as relações dialógicas faz emergir, na análise do discurso, a questão dos gêneros do discurso.

O gênero do discurso é concebido a partir do estudo da articulação entre texto e um lugar social dentro da enunciação. Nesse viés, é importante reconhecer que, numa sociedade, há várias temáticas dos gêneros do discurso (autorais, ritualizados, das rotinas, conversacionais, outros...), sem que se consiga delimitar a imagem do "gênero verdadeiro", seja ele projetado na "excelência" do "gênero literário" (gênero secundário em Bakhtin) ou na "pureza dos gêneros orais" (gênero primário em Bakhtin). Maingueneau (1987/1989) já alertava para a necessidade de considerar que, nas pesquisas em análise do discurso,

> "(...) importante é não se limitar à constatação de que existe este ou aquele gênero, mas estabelecer a hipótese segundo a qual recorrer, preferentemente, a esses gêneros e não a outros é tão constitutivo da forma discursiva quanto o conteúdo. Sobre esse aspecto pode-se examinar dois casos: - discursos concorrentes, não investidos nos mesmos gêneros; - discursos concorrentes, investidos nos mesmos gêneros, mas explorando diferentemente suas coerções" (MAINGUENEAU, 1987/1993: 38).

Em discussões com o grupo de pesquisa brasileiro Atelier Linguagem e Trabalho, o autor pontuou que a tarefa atual da AD é procurar pensar o discurso como a integração entre o textual e o lugar social, e nesse sentido a melhor postura seria assumir a dispersão dos gêneros: "uma escala de mais formal a menos formal faz pouco sentido, os gêneros são diferentes, heterogêneos, são realidades sócio históricas com fundamento cognitivo".

Tomando-se o devido distanciamento da compreensão de que o sujeito, pressuposto da AD, não é o pressuposto da metalinguística enunciativa, essa concepção pode ser aproximada de uma compreensão bakhtiniana da linguagem na qual o diálogo variado e complexo entre o mundo exterior (compreendido como mundo dos gêneros sociais) e o mundo interior discursivo (assumido como estilo particular de atualização dos gêneros sociais) vai constituir um caminho de funcionamento da linguagem palpável à metalinguística enunciativa (análise do discurso).

Problematizando essa relação entre interiores e exteriores constitutivos, se a linguística só pode trabalhar sobre os materiais da enunciação enunciada, os elementos externos se transformam em elementos internos e, nesse limite, nos perguntamos: como trabalhar a construção de um sujeito para além da mirada da estrutura do discurso?

A proposição operacional da AD é que, se uma formação discursiva opõe dois conjuntos de categorias semânticas, as reivindicadas e as recusadas, o discurso só poderia relacionar-se com o outro do espaço discursivo por meio do simulacro que dele constrói. Teríamos, então, um discurso agente (aquele que se encontra em posição de "tradutor", de construtor do simulacro) e discurso paciente (aquele que é traduzido na forma do discurso agente). Redimensiona-se, desse modo, a postura das heterogeneidades constitutivas e mostradas para a dimensão discursiva, sendo a subjetividade apreendida em dois níveis: o dialogismo constitutivo (define as condições de possibilidade de uma formação discursiva no interior de um espaço discursivo) e o dialogismo mostrado (diz respeito à interdiscursividade manifestada), do qual o diálogo polêmico seria uma das modalidades que, no seu funcionamento, alternaria constantemente os papéis de discurso agente e discurso paciente.

Estabelecido esse cenário, questionamos: até que ponto esses modelos de análise de funcionamento dicotômico não reproduzem, na sua operacionalização, as armadilhas que buscam evitar ao se aproximarem dos pressupostos dialógicos

4. ENUNCIAÇÃO DISCURSIVA E ENUNCIADO CONCRETO

Se retomamos, nesse ponto do nosso ensaio, as relações que a linguística vem tecendo para o *eu/você* e fazemos um paralelo com o pensamento Bakhtiniano, percebemos a questão da concepção da referência *eu/outro* no sentido inverso (ninguém diz a primeira palavra, fala-se o que os outros dizem) como fundamental para estabelecer um movimento dialógico. As figuras de enunciador e co-enunciador tomadas da teoria da enunciação, e mantidas nos pressupostos de sujeito da AD, estão presas à noção do sujeito que tende a não incorporar o outro como o mesmo em seu movimento interior/exterior constitutivo.

Em Bakhtin, são as figuras de destinatário e sur-destinatário que vão ensaiar a possibilidade de compreensão de um diálogo em que a referência exterior/interior pode se construir e existir fora da relação de significação estreita da enunciação enunciada, podendo "fazer sentido" no espaço de uma esfera de atividade social.

A associação entre a referência e a subjetividade, nos estudos enunciativos e nos estudos dialógicos, apresenta duas questões anteriores que devem ser seriamente submetidas a uma reflexão ativa: o que se poderia dizer de um sujeito estudado como um extrato enunciativo pessoalizado e do seu duplo estudado como um diálogo inacabado e em desenvolvimento numa esfera da atividade humana? Esse ponto nodal, antes de ser tomado como questão retórica, poderia ser enfrentado como espaço de diálogo das possibilidades de aplicação do raciocínio analítico baseado em materiais reais, na enunciação concreta.

Na concepção dos estudos do Círculo bakhtiniano, a questão da enunciação concreta está intrinsecamente correlacionada a um movimento referencial que incorpora as noções de plurilinguísmo e plurivocalidade (VIEIRA & CAMPOS, 1999). É a noção de dialogismo como constitutiva da linguagem que permite tomar o eu como o produto de uma relação de alteridade, na qual a "escision" e a simultaneidade são categorias básicas da existência desse eu (ROSALES, 1994: 59) que só se constitui quando se toma o outro (a palavra do outro em nós mesmos) como o único traço que pode garantir nossa existência e nos apresentar uma imagem inteligível de nós mesmos.

Ao comentar essa questão, Todorov assinala que "é impossível conceber o ser fora das relações que o unem ao outro" (TODOROV, 1981: 145). Todavia, essa afirmação promove um deslizamento problemático para a percepção de que não existem relações que unam um ser ao outro, eles se constituem entre si. O outro de Bakhtin que se apresenta na Poética de Dostoiévski, por meio da análise do conto O sósia, aparece como um outro que é o mesmo. Trabalhando a questão do gênero polifônico, Bakhtin acompanha os desdobramentos dos discursos da personagem – numa fenomenologia discursiva – que permitem engendrar a ideia de que a alteridade é uma condição humana (MOURA VIEIRA, 2007) Mas, nessa perspectiva, como enxergar e redimensionar a questão da "subjetividade"?

.

5. PROVOCAÇÕES DIALÓGICAS ENTRE INTERIORES TEÓRICOS X EXTERIORES CONCRETOS

A questão da subjetividade na linguagem se complexifica à medida em que o conceito se alarga para abarcar um sentido que realize, nos seus limites, a circulação das possibilidades de compreensão das noções de sujeito, identidade, heterogeneidade e alteridade.

O caminho que seguimos neste ensaio, acompanhou as inter-relações dessas noções com as tendências dos estudos enunciativos e das análises do discurso e nos traz a um impasse fundador - de como compreender a subjetividade.

A ideologia do sujeito psicanalítico lacaniano como a matriz da linguística benvenisteana (tal um gênero científico) - se alicerça antes mesmo da estruturação conceptual do sujeito e da subjetividade no próprio campo da linguística. Dito de outro modo: a linguística assume a proposta de sujeito e subjetividade Lacaniana e se constitui na utilização desse modo de compreensão engendrado em outro campo (no fundamento lacaniano). A linguística toma emprestado a subjetividade lacaniana para constituir-se.

Desse modo a linguística tem mantido a tendência de aplicar a si mesma (nas análises) a imagem da sua compreensão retórica de sujeito e subjetividade advinda das teorias psicanalíticas, mais do que buscado reconstruir-se (e a essa imagem possível de

44

subjetividade) a partir do estudo das enunciações concretas. Dessa forma, a solução que os estudos linguísticos tem encontrado para o impasse entre os exteriores e os interiores constitutivos é de considerar que o sujeito pode ser cindido entre consciente e inconsciente e que uma dimensão inconsciente não seria incompatível com um sujeito ideológico.

Nesse sentido, alguns estudos linguísticos de inspiração Bakhtiniana passaram a incorporar as teorias psicanalíticas como coadjuvantes para a compreensão da subjetividade, mantendo, entretanto, intocado o problema das diferentes concepções de subjetividade e apressadamente considerando tal aproximação como um avanço para o desenvolvimento da teoria dialógica.

Lembro entretanto que a posição de Bakhtin/Volochinov, em criticar a teoria psicanalítica formalizada em "Para além do social: ensaio sobre o freudismo" publicado em 1925 e dois anos depois revista e aprofundada em "O Freudismo" (1927),

(MOURA VIEIRA, 2009), fornece as bases para o desenvolvimento da obra do círculo Bakhtiniano em uma direção completamente divergente de um modelo de subjetividade que assume como possível um sujeito dividido estruturalmente em consciente e inconsciente.

Olhando da perspectiva das escolhas teórico-metodológicas do Círculo de Bakhtin, compreendemos que a antecipação crítica à ideia de sujeito assujeitado e a fragilização da noção de inconsciente, sem aparentemente aproveitá-la para a construção do pensamento do círculo (como se fez com o estruturalismo, com a estilística e com o marxismo), tem mais relação com a inadequação desse modelo com uma concepção ético-fenomenológica direcionada a um mundo social, ideológico e dialógico, do que com uma falta de capacidade de reformulação conceptual e incorporação crítica de Bakhtin e dos pesquisadores do seu círculo de estudos, às ideias da psicanálise.

Se alguns estudiosos contemporâneos acreditam na coerência de alinhar alteridade tal como aparece em

Bakhtin com inconsciente psicanalítico é porque aplanam duas formas diferentes de compreender as relações entre pensamento e linguagem:

> No ensaio posterior ao Freudismo, publicado em 1929, "a Poética de Dostoiévski", Bakhtin se utiliza de um modo de compreensão da subjetividade e do sujeito completamente baseado numa estrutura de funcionamento da consciência dialógica, que não deixa espaço para uma psicologia subjetivista. Aplica magistralmente essa concepção em uma análise dialógica que lhe permite caracterizar o romance polifônico, mas também o homem de ideias que o institui. (MOURA VIEIRA, 2001)

Em "Marxismo e Filosofia da Linguagem", também publicado em 1929, Bakhtin e Voloschinov de certa forma retomam a questão da subjetividade sob o ponto de vista do estudo da interação verbal e correlacionam os problemas de sua compreensão principalmente às implicações advindas das teorias da expressão, entre elas as orientações do subjetivismo individualista.

Tal corrente filosófico-linguística liga-se ao romantismo e representa uma reação contra a palavra estrangeira e o domínio que esta exerceu sobre as categorias do pensamento. Os românticos são pioneiros em reorganizar a reflexão linguística sobre a base da atividade mental em língua materna, considerada como meio de desenvolvimento da consciência e do pensamento. Entretanto fazem essa abertura tolhidos sob a enunciação monológica, não mais do ponto de vista da compreensão passiva do filólogo, mas sob o ponto de vista unilateral da pessoa que fala expressando uma consciência individual (seus desejos, suas intenções, seus impulsos, sua criatividade...).

A teoria da expressão supõe inevitavelmente um certo dualismo entre o que é interior e o que é exterior na objetivação de uma consciência individual: o conteúdo (interior) e sua expressão exterior (ou para si mesmo). Como todo ato de objetivação procede do interior para o exterior, a organização do conteúdo interior teria primazia sobre o exterior. Bakhtin e Voloschinov rejeitam explicitamente essa concepção idealizada entre interior como matriz e exterior como reflexo da consciência:

> Não é a atividade mental que organiza a expressão mas, ao contrário, é a expressão que organiza a atividade mental, que a modela e determina sua orientação (BAKHTIN/VOLOCHINOV, 1929/1992: 112).

Para abordar essa complexa questão, os estudiosos do Círculo Bakhtiniano teceram uma série de considerações sobre a linguagem e o modo como ela organiza a atividade mental. Propõem explicitamente que uma estrutura da atividade mental seria tão social como a sua objetivação exterior.

Numa flagrante oposição às noções de Ego, Superego e Id, engendradas pela escola psicanalítica – optam por formular e utilizar um modelo de circulação de enunciados concretos entre um Mundo Interior, um Mundo Reflexivo do Exterior e um Auditório Social. Explicitam que a relação entre esses três níveis depende do auditório social em que os atores encenam suas realidades.

Nesse processo o que importa é considerar qual orientação a palavra assume em função do seu interlocutor. Para os estudiosos do círculo, toda palavra comporta pelo menos duas faces indissociáveis, determinadas pelo fato de que procede de alguém e pelo fato que se dirige para alguém. É através da palavra que nós definimos em relação uns aos outros, e portanto, em relação à coletividade:

> "A situação social mais imediata e o meio social mais amplo determinam completamente e por assim dizer, a partir do seu próprio interior, a estrutura da enunciação"   (BAKHTIN/VOLOCHINOV, 1929/1992: 113).

Nessa linha de compreensão, quando se trata da tomada de consciência de uma sensação qualquer, ela deve ser considerada na relação com um ouvinte potencial.

Há dois polos limítrofes dentro dos quais se realiza a tomada de consciência e a elaboração ideológica: a **atividade mental do eu e a atividade mental do nós**, permeados de uma outra **atividade mental para si**.

As duas atividades: mental do eu e mental do nós, assim como a atividade mental para si, possuem características distintas. Sendo que "Todo o itinerário que leva a atividade mental (o "conteúdo a exprimir") à sua objetivação externa (a "enunciação) situa-se completamente em território social" (BAKHTIN/VOLOCHINOV, 1929/1992: 117).

Tal esboço de organização estrutural da atividade mental e dos processos da consciência merece ser melhor estudado e devidamente articulado com os desdobramentos conceptuais do conjunto da obra Bakhtiniana. Trabalho complexo e árduo que tenho desenvolvido na interface da minha formação teórica aliada a atividade pratica de psicoterapeuta, psiquiatra e Linguista aplicado aos estudos da linguagem. Entretanto nos limites destas provocações dialógicas, chamaremos atenção para apenas três dos termos propostos pelo Círculo:

- consciência,
- tomada de consciência e
- enunciação

51

Quanto ao primeiro, a consciência, é compreendida como uma capacidade de ideologizar que não tem um oposto inconsciente uma vez que fora de sua objetivação, de sua realização num material determinado (o gesto, a palavra, o grito), a consciência é uma ficção (ibid.: 117-118).

Quanto ao segundo termo, a tomada de consciência, está afeita ao discurso interior, a entoação interior e ao estilo interior. Quanto ao terceiro termo, a enunciação, é compreendida como a objetivação externa dos processos de atividade mental. Quando a atividade mental se realiza na forma de uma enunciação, a orientação social a qual ela se submete adquire maior complexidade graças à exigência da adaptação ao contexto social imediato do ato da fala e, acima de tudo, aos interlocutores concretos (ibid.: 117).

Mais atentamente observamos que o termo "enunciação" aparece como componente do sistema da consciência da atividade mental, que preferimos denominar de processo da atividade de pensamento e linguagem, sem dissociá-los, deixando claro que não se trata de planos separados de um exterior e de um interior, em que a linguagem seria um instrumento e o pensamento sua matéria. Se a consciência de si é sempre verbal o pensamento não existe fora de sua expressão potencial e consequentemente fora da orientação social dessa expressão do próprio pensamento" (ibid.: 117).

Temos visto que os estudos do Círculo de Bakhtin não são afeitos à ideia de considerar a subjetividade como um processo de construção pessoal, mesmo que de um sujeito cindido. Bakhtin não nega o movimento intersubjetivo entre indivíduos socialmente situados, que constroem relações que só podem movimentar e fazer circular os sentidos no espaço mesmo da vida social. Estudando o romance polifônico, compreende que o homem não coincide jamais com um eu fechado numa relação de reconhecimento, mas, ao contrário, que é no contraponto dos contrastes, das possibilidades de não ser ou diferenciar-se, no diálogo com outros em um nós mesmos, que o social nos realiza.

Enfim, se há uma subjetividade em Bakhtin, ela circula na esfera de utilização de um gênero do discurso, e o gênero é por natureza impessoal. É o paradigma dialógico que permite a teoria dos gêneros do discurso de afastar-se da pessoalização, ao tempo em que considera como constitutiva a participação individual de um sujeito historicamente e socialmente situado que, no bojo de uma esfera de atividade, pode exercer a sua criatividade e o seu estilo. Para o pesquisador russo:

> O verdadeiro lugar do enunciado, onde ele se forma e vive, é o plurilinguismo dialogizado, anônimo e social como a linguagem; mas concreto, saturado de conteúdo e acentuado como um enunciado individual. (BAKHTIN, 1975/1978: 96).

É esse movimento em direção a subdestinatários que Bakhtin compreende como um plurilingüismo dialogizado, abarcando organizativamente nessa expressão as dimensões de plurilingüismo e de dialogismo constitutivos dos discursos, mas que só podem se realizar nos espaços dos gêneros sociais.

6. OPÇÕES À SUBJETIVIDADE: NOVOS ALIADOS PARA COMPREENDER A SIGNIFICAÇÃO

Nos capítulos anteriores construímos a nossa leitura dos posicionamentos do Círculo Bakhtiniano, que resumimos aqui na proposição de que não se pode falar em subjetividade na linguagem dissociando o plano linguístico de um plano de funcionamento dialógico das enunciações, nas interações sociais imediatas e evocadas, que se valem, para realizar-se, de uma organização funcional complexa da atividade do pensamento e da linguagem.

Uma linguística que se diga signatária das teorias dialógicas do Círculo Bakhtiniano precisa fazer um exercício constante de rever as implicações extremas de pensar o OUTRO como o MESMO.

Para ilustrar a fecundidade desse debate, faremos abstração de três desenhos de pesquisa que assumam, em diferentes propostas, a possibilidade dialógica de todos os pronomes serem tomados como pessoas do discurso.

6.1 Abstrações de desenhos de pesquisa em busca de uma "subjetividade bakhtiniana": na Teoria Enunciativa, na AD e na Teoria Dialógica

Inicialmente, se retomamos a teoria da enunciação, nos depararíamos com uma grande resistência a manter a proposta inicial, uma vez que haverá uma tendência a manter o ele como uma referência. Mesmo se encontramos um meio de vencer essa resistência e avançamos em considerar a primeira, a segunda e a terceira pessoas como pessoas do discurso, ao associarmos as teorias do inconsciente psicanalítico, a concepção de subjetividade se manteria atrelada a um movimento EU/TU, uma vez que as teorias do inconsciente em si mesmas reforçam a estruturação de análises de dados a manter uma dicotomia entre interior e exterior.

Se numa segunda abstração passamos ao campo da análise do discurso e, por exemplo, inspirados por Authier-Revuz (1982), tomamos EU, TU e ELE como possíveis marcas de heterogeneidade discursiva, ao analisar essas ocorrências, buscaremos considerar as diferentes vozes que atravessam uma fala em busca de unidade e coerência. Dessa forma, o pano de fundo repete a dicotomia inconsciente e consciente separando discurso e sujeito, ou seja, o fio do discurso se mantém como o espaço marcado por heterogeneidades (inconscientes) e o sujeito como negociador de homogeneidade (consciente).

Ensaiando uma terceira via, se considerarmos a própria teoria bakhtiniana, EU, TU e ELE analisados no movimento dialógico dos textos orais e escritos numa esfera de uma atividade humana, poderiam ser facilmente tomados como pessoas do discurso. Os três pronomes seriam compreendidos em função do diálogo estabelecido entre as suas esferas de circulação e não haveria espaço para aplicar uma formula que EU seria igual a EU. O enunciado concreto e suas citações da palavra do outro são a fonte privilegiada para compreender o diálogo inacabado. Voltando à análise Bakhtiniana de Dostoievsky, a compreensão da não coincidência do homem com ele mesmo só pode tomar forma nos limites de um outro paradigma, "a vida autentica da personalidade só é acessível a partir de uma aproximação dialógica a qual ela mesma responde ao se descobrir livremente" (BAKHTIN, 1929/1970: 103). O que importa é recompor o movimento EU/TU/ELE-OUTRO.

Seguindo esse raciocínio, poderíamos ser tentados a associar o dialogismo Bakhtiniano a alguns aspectos da psicanálise Lacaniana, tão próxima da teoria da enunciação nos seus princípios, mas teríamos que observar que o outro em Bakhtin não se assemelha ao outro proposto por Lacan (que se mantem fiel a Freud). Do ponto de vista linguístico Bakhtin opõe língua à discurso e não à fala, todos os textos orais e escritos são produzidos a partir das coerções do discurso e os sentidos se produzem nas instabilidades mais ou menos estáveis que engendram os gêneros.

Não questionamos a psicanálise em sua pertinência enquanto uma esfera da atividade humana, como uma prática de trabalho que existe socialmente e tem seu próprio metier constituído enquanto um gênero profissional. Nosso esforço nessa provocação é fazer aparecer a inadequação desse modelo, que pode funcionar como um gênero profissional específico, a uma utilização associada a uma análise linguística dialógica.

Bakhtinianamente, quando se diz EU, este EU/OUTRO se faz na relação da esfera de utilização referenciada em um NÓS, desse modo, uma possível subjetividade teria que ser buscada nos limites das coerções do gênero em que a alteridade se atualiza, ou seja, nas atividades presentes no bojo dos embates de gêneros. Por outro lado, não se recupera linguisticamente um gênero somente com o estudo de uma sequência pessoal, mas com as estabilidades e instabilidades gerais presentes nas esferas de utilização, que podem fazer aflorar no jogo de contrastes entre regulares e irregulares os estilos individuais (nos atos de fala, nas atividades). Todo esse movimento se articula sob bases de um funcionamento corporal/material do pensamento e da linguagem que tem bases radicalmente diferenciadas dos modelos fornecidos pela psicanálise e pela psiquiatria clássicas.

Uma noção de subjetividade na linguagem não deveria ser construída como um conceito monológico e homogêneo em si mesmo. Os desafios para a linguística apresentam-se cada vez mais correlatos a uma prática de um metier de linguista constitutivamente heterogêneo, plurilíngue e transdisciplinar. As possibilidades de compreensão ativa dos problemas de transformação conceptual passam primeiramente pela concepção teórica que se tem de dialogismo contraposta a uma prática dialógica que se faz necessária para a construção dos sentidos, mas passam também e necessariamente pela compreensão de como os caminhos possíveis a um gênero discursivo do trabalho do linguista/analista do discurso se atualizam.

O nosso modo de perceber o desenvolvimento da questão da subjetividade na linguagem indica-nos uma necessidade de ajustar a reflexão teórica e prática dos linguistas a parâmetros mais explícitos. Dentre outros possíveis, nossa tendência é buscar esse balizamento nas possibilidades que Bakhtin/Voloschinov (1929/1992) propuseram para os estudos linguísticos, ao responder quatro questões que consideram fundamentais:

- No que consiste o objeto da filosofia da linguagem?

- Onde podemos encontrar tal objeto?

- Qual é a sua natureza concreta?

- Que metodologia adotar para estudá-lo?

Respondendo à primeira questão do objeto, propõem que a verdadeira substância da língua não é constituída por um sistema abstrato de formas linguísticas nem pela enunciação monológica isolada, nem pelo ato psicofisiológico de sua produção, mas pelo fenômeno social da interação verbal compreendida enquanto diálogo inconcluso e realizada através da enunciação ou das enunciações. A interação verbal constitui assim a realidade fundamental da língua" (BAKHTIN/VOLOSCHINOV, 1929/1992: 123).

Para a segunda questão, a problemática de onde encontrar tal objeto, indicam: "Na comunicação verbal concreta, não no sistema linguístico abstrato das formas da língua nem no psiquismo individual dos falantes" (Ibid.: 124).

Quanto à terceira questão, da natureza concreta de um estudo linguístico, entendem que a comunicação verbal não poderá jamais ser compreendida e explicada fora do vínculo com a situação real, ela entrelaça-se inextricavelmente a outros tipos de comunicação (orais e escritas) e cresce com eles sobre o terreno comum da situação de produção. Graças a esse vínculo concreto com a situação, a comunicação verbal é sempre acompanhada por atos sociais de caráter não verbal (gestos do trabalho, atos simbólicos de um ritual, cerimônias etc.), dos quais muitas vezes ela é apenas o complemento, desempenhando um papel auxiliar.

Em resposta à quarta questão, uma metodologia para o estudo da língua, propõe uma ordem metodológica:

a) as formas e os tipos de interação verbal em ligação com as condições concretas em que se realiza;

b) as formas das distintas enunciações, dos atos de fala isolados, em ligação estreita com a interação de que constituem os elementos, isto é, as categorias de gêneros e falas na vida e na criação ideológica que se prestam a uma determinação pela interação verbal;

c) um reexame sobre essas novas bases, das formas da língua na sua apresentação linguística usual.

Se assumimos esse caminho - possível para a filosofia da linguagem de Bakhtin e lançamo-nos a outros estudos em ciências humanas - nos afiliando ao plurilinguismo dialogizado, à teoria do enunciado concreto e à teoria dos gêneros do discurso, nós enfrentamos o desafio de rever a questão da subjetividade sem   necessariamente associá-la a três tendências de modelos de sujeito:

- falante (Benveniste),
- assujeitado (Althusser),
- Psicológico/psicanalíticos   (de   intenções

conscientes-inconscientes, sejam de nuança freudiana, kleiniana, lacaniania ou outras).

Dito de outra forma: sem remeter a uma subjetividade centrada da pessoalização.

6.2. A subjetividade e a Clínica da Atividade

Continuar o caminho vislumbrado pela filosofia da linguagem do Círculo Bakhtiniano não implica desconhecer que dimensões subjetivas de "sujeito" podem estar socialmente presentes nas variadas vozes que atravessam um EU/OUTRO no interior dos gêneros que se apresentem. Nesse desafio uma linguística que se pretenda embasada no estudo analítico das situações concretas de enunciação não poderá fugir da análise da atividade e terá de voltar-se mais detidamente para o estudo da consciência, promovendo um encontro dialógico da atividade do pensamento e da linguagem.

Dos trabalhos orientados nesse sentido chama particularmente a nossa atenção a parceria entre o linguista Daniel Faïta e o psicólogo Yves Clot na análise da atividade de trabalho (CLOT & FAÏTA, 2000). Esses estudiosos da atividade serão objeto do ensaio apresentado no volume cinco dessa série de provocações dialógicas juntamente com as ideias do filosofo da atividade Yves Schwartz sobre ergologia.

Ainda nos limites deste ensaio gostaríamos de assinalar que a Clínica da Atividade praticada por Y. Clot e D. Faïta, associa o sentido à questão da significação, base do desenvolvimento das teorias da subjetividade na linguagem, optando por colocar em diálogo as noções do círculo Bakhtiniano e as teorias da escola da psicologia Vigotskiana.

No volume quatro da série provocações dialógica retomaremos a questão da significação, ponto de partida dessa jornada no rastro da subjetividade, para destrinchar a correlação da polaridade da significação entre Vygotsky, Luria e Leontiev com o pensamento do Círculo de Bakhtin.

Bakhtin e Voloschinov (1929/1992) particularizam, no plano do enunciado, a significação como estável e o tema como instável e Vigotsky (1930/1987) diferencia significado e sentido. Ao cotejar essas noções encontramos uma correlação entre a significação como a parte estável do signo em Bakhtin/Voloschinov e o significado como um sistema estável de generalizações em Vigotsky.

Também podemos aproximar a noção bakhtiniana de tema à noção de sentido em Vigotsky, uma vez que para este o sentido é entendido como o significado individual da palavra, separado de um sistema formal, mas composto por aqueles enlaces que têm relação com o momento e a situação dados.

Um dos aspectos mais importantes ressaltados pela escola Vigotskiana e que a aproxima do círculo

67

Bakhtiniano - reside no fato de pensar o uso da palavra como uma complexa função de generalização, cujo sentido é o elemento fundamental da utilização viva, ligada a uma situação concreta e afetiva (portanto, histórica) por parte de um sujeito socialmente situado:

Sendo assim, na palavra e junto ao significado (que inclui a referência objetal e o significado propriamente dito, a generalização e introdução do objeto em uma determinada categoria) existe sempre um sentido individual, em cuja base encontra-se a reelaboração do significado, a separação entre os enlaces possíveis presentes na enunciação daquele sistema de relações que é atualizado no momento dado (LURIA, 1987: 46).

Na sua pratica de pesquisa Daniel Faïta e Yves Clot vinculam a análise do trabalho à clínica da atividade, caracterizada por desenvolver um processo metodológico que se funda ao centro da questão da generalização para estudar a reelaboração do significado. A análise do trabalho praticada pela Clínica da Atividade vai utilizar o texto em imagem como o suporte principal do processo.

Num primeiro momento, a partir de uma demanda de compreensão de problemas em uma situação de trabalho (uma esfera de atividade), se constitui um grupo que engloba trabalhadores e atividades. O analista em diálogo com os protagonistas da atividade e apoiado nas observações, decide as sequências de atividades para filmar e procede às filmagens.

Num segundo momento, realizam-se as autoconfrontações (FAITA, 1997 e 2000; CLOT, FAITA et al, 2001; FAITA & VIEIRA, 2003), baseadas num enquadramento sobre o registro filmado que ao final será editado em vídeo. A metodologia da autoconfrontação associa os protagonistas da situação de trabalho à sua própria análise que é discutida em dois níveis de reelaboração: autoconfrontação simples e autoconfrontação cruzada.

Na autoconfrontação simples, um protagonista assiste uma sequência filmada de sua atividade de trabalho e a comenta consigo mesmo com o auxílio do analista/pesquisador.

Na autoconfontação cruzada, dois protagonistas do trabalho assistem a uma sequência filmada de uma mesma atividade realizada por cada um deles e dialogam em presença do analista/pesquisador.

Num terceiro momento, uma montagem do conjunto dos materiais filmados (atividades e comentários) feita pelos trabalhadores e analistas é discutida com o coletivo profissional.

O propósito é estabelecer um ciclo dialógico entre o que os trabalhadores fazem, o que dizem fazer, e também com o que eles fazem do que dizem. "Nesse processo de análise, a atividade dirigida "em si" torna-se uma atividade dirigida "por si" (CLOT, FAITA et al, 2001: 23). O processo dialógico de análise da atividade de trabalho passa então a consistir em si mesmo num dispositivo de transformação da situação analisada.

Compreendemos que essa opção metodológica permite ao analista do trabalho fazer um deslocamento do seu papel ao próprio trabalhador, tal como o autor do romance polifônico passa o seu papel ao personagem que descreve a si mesmo e se auto-analisa, todo o tempo inserido na tensão entre diferentes consciências (BAKHTIN, 1929/1970: 90).

Num nível mais imediato, o trabalho do analista é procurar refratar a atividade dos membros do coletivo profissional para favorecer uma espécie de visibilidade do gênero da atividade, sem que se possa dizer uma última palavra.

Num nível mais processual, se as imagens e comentários podem marcar os estilos pessoais do agir de cada protagonista nos limites do gênero e se esses

71

estilos são reavaliados, redirecionados e acentuados para uma mudança desse gênero dentro da ação e no projeto de agir, pode-se considerar que o processo de análise do trabalho que foi engajado e, segundo as avaliações da equipe da clínica da atividade: "favorece a elaboração estilística por revitalizar o gênero" (CLOT, FAITA et al, 2001: 23). Nesse processo as intervenções possibilitam o desenvolvimento do sujeito na sua esfera de atividade.

Enfim, o trabalho desenvolvido na Clínica da Atividade aporta elementos de reflexão ao campo da atividade humana em situações de trabalho, possibilitando um real desdobramento dos conceitos do Círculo Bakhtiniano em intenso diálogo com as teorias da linguística e da psicologia do desenvolvimento. Nesse domínio, a subjetividade perde o seu mistério de dimensão monofônica do inconsciente e portanto, perde a sua propalada vocação a uma universalidade dissociada de uma esfera de atividade e de produção de um sentido eminentemente social. A análise do movimento dialógico da autoconfrontação que mobiliza materiais heterogêneos e incompatíveis (princípio composicional) a uma pluralidade simultânea de consciências (níveis de produção de pensamento verbal e não verbal), a qual o analista não busca reduzir a uma ideologia comum, aparece como um caminho possível para a emergência de um novo tipo de subjetividade.

A autoconfrontação, mesmo sem o objetivo explícito de repensar o papel da subjetividade marcada pela linguagem, permite, através do seu método, que redimensiona a significação num dispositivo de mobilização dialógica de textos (orais, escritos e de imagem), visualizar a criatividade e o estilo pessoal que caracteriza a singularidade humana em meio a uma esfera social de atividade. Daniel Faïta e Marcos Moura Vieira (2003), refletiram profundamente sobre as implicações metodológicas dos dispositivos autoconfrontativos para analistas/pesquisadores e protagonistas da atividade e propuseram algumas diretrizes para a sua realização, nesse sentido nos dizem os linguistas e analistas da atividade:

A originalidade da autoconfrontação, enquanto um método de solicitação das experiências e dos saberes em ato, reside na liberação dos modos de significar oferecidos aos sujeitos. Liberação permitida pelo emprego de uma relação dialógica nova, que escapa aos limites das situações vividas anteriormente. Assim, a pluralidade de correlacionar as relações possíveis entre os enunciados e as situações de ação de referência podem transformar-se elas mesmas em objeto de reflexão e de debate: através do reconhecimento da pluralidade das vozes, da pluralidade dos signos, que componham a dimensão concreta das trocas verbais (FAÏTA & VIEIRA, 2003: 143).

Por fim, encerramos essas provocações dialógicas sobre os "acabamentos da subjetividade", citando os estudos da Clínica da Atividade como exemplo de um trabalho dialógico, entre a metalinguística enunciativo-discursiva e a psicologia do desenvolvimento, centrado na análise do trabalho; por considerá-lo emblemático de como o encontro entre a atividade, o pensamento e a linguagem pode desenvolver-se sob novas bases de produção de conhecimento e de ação transformadora.

A comunidade científica tem muito para refletir e experimentar nesse terreno da significação e da consciência - sob bases que estão sendo engendradas pelo desenvolvimento das teorias do Círculo Bakhtiniano vinculadas aos estudos encetados por Vigotsky e Luria. Tais abordagens possibilitam um outro entendimento das relações entre atividade pensamento e linguagem, e portanto, construem outras dimensões para se pensar e experimentar novas possibilidades daquilo que tem se configurado como uma subjetividade dialógica – atualizada, do mundo exterior para o mundo interior, nas atividades de um sujeito eminentemente social.

BIBLIOGRAFIA

AUTHIER-REVUZ, J. *Hétérogénéité montrée et hétérogénéité constitutive: éléments pour une approche de l'autre dans le discours.* In: *DRLAV.* Paris, 1982, v. 26, p. 91-151.

BAKHTINE, M. (VOLOCHINOV, V.) (1929). *Marxismo e filosofia da linguagem: problemas fundamentais do método sociológico na ciência da linguagem.* Tradução: M. Lahud e Y. F. Vieira. Prefácio de R. Jakobson. 6. ed. São Paulo: Hucitec, 1992.

_____ *Au dela du social: essai sur le freudisme.* In: BAKHTINE, M. Le Freudisme. Trad. Guy Verret. Lousanne: Ed. L'Age d'Homme, 1980. p. 31-77.

_____. *Le freudisme: essai critique.* In: BAKHTINE, M. Le Freudisme. Trad. Guy Verret. Lousanne: L'Age d'Homme, 1980. p. 79-212.

_____. *Le discours dans la vie et le discours dans la poésie: contribution à une poétique sociologique.* (trad. Tzvetan Todorov). In: TODOROV, T. Mikhail Bakhtine le principe dialogique suivi de Ëcrits du Cercle de Bakhtine. Paris: Editions du Seuil, 1981. p. 181-215.

BAKHTIN, M. (1929) La poétique de Dostoiévski. Trad. de Isabelle Kolitcheff. Paris: Éditions du Seuil, 1970.

_____. *Art and Answerability.* In: Art and Anserability. Early Philosophical Essays by M. M. Bakhtin. Trad. Vadim Liapunov. Austin: Universyty of Texas Press, 1990. p. 1-3.

_____. Pour une philosophie de l'acte. Trad. Ghislaine Capogna Bardet. Laussane: L'age d'homme, 2003.

BENVENISTE, E. *Problèmes de linguistique générale, 1.* Paris: Éditions Gallimard, 1966.

_____ (1966). *Problemas de linguistica geral, 1.* Campinas: Pontes, 1988.

_____ *Problèmes de linguistique générale, 2.* Paris: Éditions Gallimard, 1974.

BOUTET, J. (1994). *Construire le sens*. Bern: Peter Lang, 1997.

BRAIT, B. *Localização de Benveniste no panorama dos estudos linguísticos*. Documento de trabalho do curso Tópicos em Pragmática e Análise do Discurso: diálogos teóricos e práticos. São Paulo: PEPG LAEL PUC/SP, mimeo, 1998.

CLOT, Y.; FAÏTA, D. *Genre et style en analyse du travail, concepts et méthodes*. In: Travailler, n. 4, p. 7-42, 2000.

CLOT, Y.; FAÏTA, D. "Genre et style en analyse du travail, concepts et méthodes". In: *Travailler*, n. 4, p. 7-42, 2000.

CLOT, Y; D. FAITA; G. FERNANDEZ; L. SCHELLER *Entretiens en autoconfrontation croisée: um méthode en clinique de l'activité*. In: Rev. Education Permanente - clinique de l'activité et pouvoir d'agir. Géneve, v.1, n. 146, p. 17-25, 1 semestre, 2001.

COX, M. I. P. *Benveniste e a subjetividade: trajetos e nuances*. In: Cadernos de Subjetividade. São Paulo, v. 3, n. 2, p. 289-303, 1995.

DUCROT, O. *Le dire et le dit*. Paris: Minuit, 1984.

FAÏTA, D. *La conduite du TGV: exercices de styles*. In: Champs Visuels. n. 6, 75-86, 1997a.

_____ *Les catégories de l'expérience dans la verbalization des règles pour l'action*. In: Etudes de comunication: comuniquer les mots de l'experience. Lille: Université Charles-de Gaulle, n. 20, p. 11-34, 1997b.

_____ *A Noção de "Gênero Discursivo" em Bakhtin: Uma mudança de Paradigma* In: B. BRAIT. Bakhtin, dialogismo e construção do sentido. Tradução de Maria Sabina Kundman e Nina A. Mabuchi Miyaki. Campinas: ed. da UNICAMP, p. 159-175. 1997c

_____ *Genres de Discours et Genres d'activité*. In: Linguistique et Analyse de l'activité: le point sur une évolution historique. Série de três conferências realizadas no PEPG/LAEL - PUCSP, São Paulo: mimeo, 2000.

_____ "Análise do trabalho e demanda social" In: Di

Fanti, M. G, França, M & Vieira, M (orgs.) *Análise dialógica da atividade profissional.* Rio de Janeiro: Imprinta Express. 2005.

FAÏTA, D. & VIEIRA, M. *Refléxions méthodologiques sur l'autoconfrontaciom croisée.* In D.E.L.T.A, 19-1, 2003, pp. 123-154.

FIALA, P. *Polyphonie et stabilization de la réference: L'altérité dans le texte politique.* Actes du Colloque Dialogisme et Polyphonie. Grenoble, Univ. Neuchatel, n. 50, 1986.

FIORIN, J. L. *O romance e a simulação do funcionamento real do discurso.* In: B.BRAIT. Bakhtin, dialogismo e construção do sentido. Campinas: Editora da UNICAMP, 1997, p. 229-247.

LACAN, J. *Escritos.* Rio de Janeiro: Jorge Zahar Editor, 1998. 937 p.

LURIA, A. R. *Pensamento e linguagem: as últimas conferências de Luria.* Porto Alegre: Artes Médicas, 1987.

MAINGUENEAU, D. *Genèses du discours.* Bruxelles: Pierre Madraga, 1984.

_____ (1987) *Novas tendências em análise do discurso.* Tradução Freda Indursky. Campinas: Ed. Pontes, 1989.

MOURA-VIEIRA, M. (2001) *A Atividade, o discurso e a Clínica Médica: uma análise dialógica do trabalho Médico.* Charleston: Salmoura - CSIPP, 2012.

_____ *O freudismo: uma crítica à ideologia psiquiátrico-psicanalítica.* In: BRAIT, B. Bakhtin e seu círculo. São Paulo: Contexto, 2009. pp. 49-72

_____. *Bakhtin e Freud em diálogo com Dostoiévski.* BAKHTINIANA, São Paulo, v. 1, n. 2, p. 65-79, 2º. sem. 2009.

_____ *Bakhtin & Freud: uma crítica ao freudismo.* Charleston: Salmoura-CSIPP, 2016.

_____ *Bakhtin, Freud & Dostoiévski: um diálogo socioanalítico.* Charleston: Salmoura-CSIPP, 2016.

PÊCHEUX, M. *Analyse automatique du discours.* Paris: Dunod, 1969.

ROSALES, M. Á. G. *Proyección crítica de Bajtín: la articulação de una contrapoética.* Granada: Universidad de Granada, 1994

ROUDINESCO, E. *Jacques Lacan: Esboço de uma vida, história de um sistema de pensamento.* São Paulo: Companhia das Letras, 1994.

SOUZA & SILVA, Maria Cecília. *Construção da realidade profissional no cotidiano da empresa.* In: I. KOCH & K. M. BARROS. Tópicos em linguística de texto e análise da conversação. Natal: ed. da UFRN, pp. 23-30, 1997.

SOUZA. G. T. *Introdução à teoria do enunciado concreto do círculo Bakhtin/Voloschinov/Medevedev.* São Paulo: Humanitas, 1999.

TODOROV, T. *Mikhaïl Bakhtine: le principe dialogique (suivi de écrits du Cercle de Bakhtine).* Paris: Éditions du Seuil, 1981.

VIEIRA, M.; M. I. B. CAMPOS O *Plurilingüismo em Saramago: um trajeto da teoria bakhtiniana.* In: Revista da ANPOLL, n. 06, São Paulo: Humanitas/USP, p. 57-79, 1999.

VYGOTSKY, L. S. (1925) *La conscience comme problème de la psychologie du comportement.* In: Société fançaise. Paris, n. 50, p. 35-49, avril-juin, 1994.

_____. (1930) *A formação social da mente.* Porto Alegre: Artes Médicas, 1987.

VOLOSHINOV, V. N. *Discourse in life and discourse in art (concerning sociological poetics).* In: VOLOSHINOV, V. N. Freudianism: A Critical Sketch (Trad. I. R. Titunik) Indiana: Indiana University Press, 1987. p. 93-116.

_____. *Freudianism: A Critical Sketch.* (Trad. I. R. Titunik. Indiana: Indiana University Pres, 1987.

POSFÁCIO

SÉRIE PROVOCAÇÕES DIALÓGICAS:

*a psiquiatria e a saúde mental no divã da
linguística aplicada aos estudos dialógicos da linguagem*

Receber a psiquiatria e a saúde mental no divã da
linguístico-análise na perspectiva dialógica implica em
redescobrir uma rede de relações sócio ideológicas que se
estabeleceram nos últimos 100 anos e que desafiam o
encontro das filosofias do sujeito com a operacionalização
profissional de práticas de cuidar da subjetividade.

Os textos escolhidos para compor a série "Provocações
Dialógicas" alcançam esse mote com aproximações
disciplinares diversas e abordagens pluridisciplinares
inventivas, mas sem a preocupação de criar uma teleologia.
O desafio é seguir o fio condutor de flexibilizar conceitos
da área da Linguística Aplicada aos Estudos da Linguagem
que tomam como natural o sujeito psicanalítico ao tempo
em que indica ao campos da Psiquiatria, da Saúde Mental e

das Ciências humanas a impossibilidade da manutenção desse sujeito psicanalítico como fonte e fim das reflexões e proposições de compreensão da sua atividade real.

Na presente publicação revisitamos ensaios nos quais percorreremos o fio condutor teórico das práticas do cuidado biopsicossocial desde o início do século 20 até os dias atuais (em torno da segunda metade do segundo decênio do século XXI) – equilibrando-nos na vara da filosofia da linguagem do Círculo Bakhtiniano. Sabemos que tal batuta não assegura alguma travessia do inconsciente como fonte do sentido para o consciente como o sentido mesmo da subjetividade, mas cumpre a função de indicar esse norte. Em nossas "Provocações dialógicas" buscamos, garantir que nos mantivéssemos sobre as linhas de raciocínio da filosofia da linguagem Bakhtiniana e para tanto procuramos armar uma rede complexa de acabamentos. Para tanto, deixamos antes tombar o peso de muitas certezas – seguros de que a rede dialógica que tecemos tem a potência de acolher o corpo social e lança-lo de volta a um cronotopo aberto a acolher diferentes possibilidades de deslocamentos. A apresentação dos ensaios se organiza conforme segue:

No primeiro volume: *Bakhtin & Freud: uma crítica ao Freudismo*, lançamos as bases para a percepção da não adequação da adoção das ideias psicanalíticas nos estudos dialógicos de orientação bakhtiniana.

No segundo volume: *Bakhtin, Freud & Dostoiévski: um diálogo sócio analítico*, revisitamos a leitura dialógica de Bakhtin e a leitura psicanalítica de Freud sobre a obra literária e a autoria de Dostoiévski. O desafio aqui é mostrar que os estudos de crítica literária de orientação dialógica também não se adequam a uma leitura psicanalítica do ser no mundo.

No terceiro volume: *Bakhtin, Benveniste & Lacan: acabamentos da subjetividade*, nos aproximamos da linguística fundada no sujeito psicanalítico em contraponto com a filosofia da linguagem que busca um novo paradigma ao colocar o sujeito consciente ao centro dos seus estudos dialógicos.

No quarto volume: *Bakhtin, Luria & Vygotsky: repensando a atividade mental,* uma vez colocados os pilares de compreensão da subjetividade como um diálogo consciente do homem com seu meio social - administrando a não interpenetração da cultura e da vida, discutimos os desdobramentos que tal implica na mobilização de aportes sociolinguísticos e da psicologia do desenvolvimento no campo da pesquisa e compreensão da atividade humana.

No quinto volume: *Bakhtin, Schwartz, Clot & Faïta: autoconfrontações*. Apresentamos os novos campos das ciências de estudo da atividade humana, a Ergologia e a Clínica da Atividade, como aliados da teoria dialógica bakhtiniana para continuar desenvolvendo a compreensão dos gêneros do discurso e da atividade implicados na materialização da cultura e da vida social.

Os cinco ensaios apresentam uma retomada, do ponto de vista do dialogismo do Círculo bakhtiniano, da teoria dialógica do sujeito e da subjetividade na sua correlação com a realidade das atividades teórico-práticas que dão conta de diferentes campos disciplinares.

Enfim, indicamos que o fiel de uma reflexão, estudo ou prática dialógica, se inscreve nos gêneros do discurso e da atividade humana que estão postos e se desenvolvem no horizonte social ampliado estabilizando modos diversificados de operar a consciência humana na afirmação cotidiana do ato responsável e singular do sujeito dialógico.

Nota sobre o autor: Marcos A. Moura-Vieira, brasileiro naturalizado holandês, nasceu em 1964 em Aracaju. Médico psiquiatra com Mestrado em Educação Pública e PHD em Linguística Aplicada aos Estudos da Linguagem. Formou-se no Brasil, estudou e atuou profissionalmente na França e na Holanda. Trabalhou como pesquisador e professor universitário nas áreas Saúde Mental & Psiquiatria e de Letras & Linguística. Sua tese "A Atividade e o discurso na Clínica Médica: uma análise dialógica do trabalho médico" (2002), foi publicada em 2012. Atualmente mora e trabalha em Recife, onde exerce a psiquiatria clínica.

marcos moura vieira

acabamentos da subjetividade

Série Provocações Dialógicas

Ensaios

Vol. 1 – Bakhtin & Freud:
uma crítica ao freudismo

Vol. 2 – Bakhtin, Freud & Dostoiévski:
um diálogo socioanalítico

Vol. 3 – Bakhtin, Benveniste & Lacan:
acabamentos da subjetividade

Vol. 4 – Bakhtin, Luria & Vygotsky:
repensando a atividade mental

Vol. 5 – Bakhtin, Schwartz, Clot & Faïta:
autoconfrontações

Edições
Sal*moura*
marcosmouravieira@hotmail.com